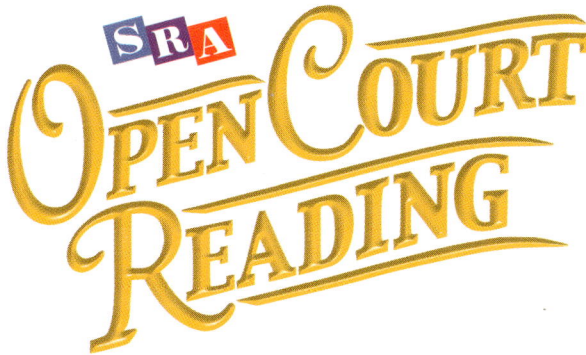

Patch Gets the Ball

A Division of The McGraw·Hill Companies

Columbus, Ohio

www.sra4kids.com

SRA/McGraw-Hill
A Division of The **McGraw·Hill** Companies

Copyright © 2002 by SRA/McGraw-Hill.

All rights reserved. Except as permitted under the United States Copyright Act, no part of this publication may be reproduced or distributed in any form or by any means, or stored in a database or retrieval system, without prior written permission from the publisher.

Printed in the United States of America.

Send all inquiries to:
SRA/McGraw-Hill
8787 Orion Place
Columbus, OH 43240-4027

ISBN 0-07-569472-7

 2 3 4 5 6 7 8 9 DBH 05 04 03 02

Lil, Midge, and Chuck met
at Chestnut Ridge Ball Park.
Midge pitched the ball,
and Lil hit it.
Midge ran after the ball
and tossed it to Chuck.

"Let's switch," said Chuck.
Chuck can pitch,
Midge can hit, and
Lil can catch.
Midge hit the pitched ball.
"I'll catch it!" called Chuck.

But the ball went past Chuck,
past tall grass, past plants,
and landed in a ditch.

"Patch!" Midge called for her dog.
"Fetch the ball, Patch!"

Patch ran past tall grass.
He ran past plants
and into the ditch.
Patch fetched the ball.

"Let's do this.
Chuck can hit.
I will pitch.
Lil can catch,
and Patch can fetch!"

キッチンで、ボンベロは料理を作り始めていた。
「これでいいだろう」
さほど時間も経たないうちにトレーを手にしたボンベロが姿を見せた。トレーの上にカフェオレ・ボウルのようなものがふたつ。レタスを敷いた真ん中にバーガーのパティを重ねたものがあり、ひたひたにコンソメスープが注いであった。
ボンベロは座るやいなや、口をつけ始めた。
スプーンを手にしたままわたしはボンベロを見つめた。
「わたしがドアに向かったら撃っていたのね」
「……」
「ねえ」
「冷めるぞ、喰え」
わたしがなおも続けようとするのをボンベロは制した。
「……おいしい」
わたしが呟くと、ボンベロが手を動かしたまま微かに、ほんの僅かに微笑んだ。
「なんて言うの、これ」
「あり合わせだ。名をつけるほどじゃない」

chapter 3　Delmonico regulations & Skin's lullaby

「でも、ちゃんとしてる。立派な料理だわ」
ボンベロが、ホールの隅に一瞬、目を走らせた。
「スキンの子守歌(ララバイ)……」
「良い名だわ。莫迦な女には悲しいけれど」
それからわたしたちは、もう何も言わなかった。

chapter 4
Gorgon's hair & Humvee's rock
〈ゴーゴンの髪とハムヴィーズ・ロック〉

臭い蒸しタオルで顔や耳のなかまで拭かれて、わたしは飛び起きた──正確には〈飛び起きよう〉としたんだ。でも肩と胸の上に置かれた足がわたしをがっちり押さえ込んでいて躰を引っ繰り返すこともできなかった。

「ちょっと！」

声を荒らげても菊千代はお構いなしに、わたしの顔を舐めまくる。押しのけようと菊千代の腹を摑んだ。だけど、そこはなんだか弛んだ皮の王国でどこにも確かな摑みどころというものがなく、しかも、妙に温かくて気持ちが良かった。わたしはなんだか面倒くさくなって起きるのを止め、いったい、いつまで舐め続けるのか好きなだけさせてみることにした。

天井には金網のかかった電球、棚の上にはブラウニー、オートミール、このあいだ散々、剝かせられたピーカンナッツ、レンズ豆やチリに使う赤インゲンの缶がある。

「奴は来年になったってやめないぞ」

足元からボンベロの声がした。